[illegible]

[illegible]

www.ingramcontent.com/pod-product-compliance
Lightning Source LLC
Chambersburg PA
CBHW062039120526
44592CB00035B/1616
* 9 7 8 1 9 4 8 7 1 3 2 9 0 *